LA VIE

DU

BIENHEUREUX JEAN DISCALCÉAT

RELIGIEUX FRANCISCAIN

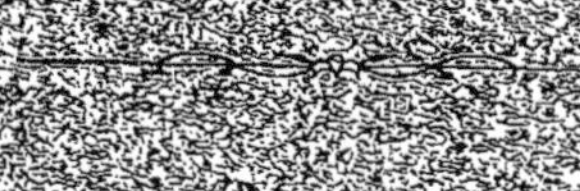

VÉNÉRÉ DANS LA CATHÉDRALE DE St CORENTIN

A QUIMPER

QUIMPER

E. PENEL, imprimeur | J. M. SALAÜN, libraire

rue du Sallé | rue Kéréon

1878

LA VIE

DU

BIENHEUREUX JEAN DISCALCÉAT

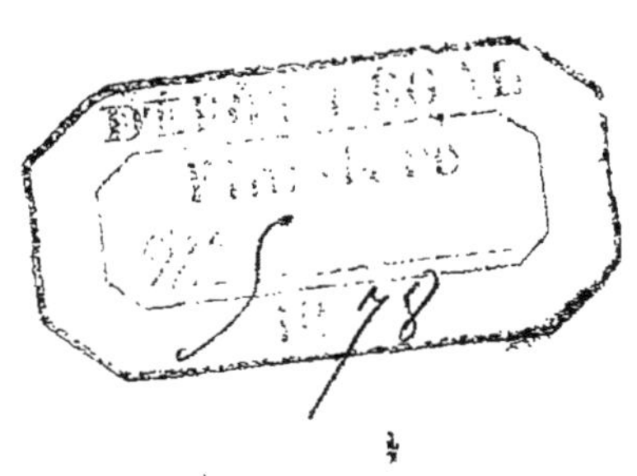

LA VIE

DU

BIENHEUREUX JEAN DISCALCEAT

RELIGIEUX FRANCISCAIN

VÉNÉRÉ DANS LA CATHÉDRALE DE St-CORENTIN

A QUIMPER

QUIMPER

E. PÉNEL, imprimeur | J.-M. SALAUN, libraire
rue du Sallé | rue Keréon

1878

✠

✠

Quand on visite la belle cathédrale de Quimper, on remarque, derrière le Maître-Autel (côté de l'épître), à l'angle formé par le mur auquel est appuyé l'autel des Bons Anges et par celui de la chapelle absidale, dite chapelle de la Victoire, une modeste petite statue qui représente un saint personnage en religieux, pieds nus, tête rasée, et portant toutes les marques extérieures de la pauvreté. Au pied de la statue, on lit ce nom : *Saint Jean Discalcéat.*

Quelle a été la vie du Bienheureux à qui saint Corentin fait ainsi les honneurs de sa cathédrale ? — Demandez-le à nos concitoyens, et dites-nous ensuite le nombre de ceux qui auront répondu à votre question autrement que par ce regrettable aveu : « Je ne sais pas ! »

Et cependant grand est le nombre des

fidèles qui adressent leurs prières à ce Bienheureux connu de nom seulement. En effet, si, le matin, à l'heure des messes, ou un jour de solennité quelconque, vous prolongez vos dévotions devant le Saint-Sacrement déposé dans la chapelle de la Victoire, ayant, par conséquent, sous votre regard la petite statue qui nous occupe, vous ne tardez pas à constater un mouvement bien prononcé de visiteurs vers cette pieuse image. Il y a là une attraction réelle, évidente : les prières montent nombreuses vers le bienheureux Jean Discalcéat, nombreuses aussi tombent les offrandes dans le tronc placé à ses pieds. Cette affluence, ces prières, ces offrandes, sont la preuve manifeste de la confiance générale accordée au Bienheureux, l'affirmation des grâces obtenues par son intercession.

Questionnez encore, demandez la raison de ce concours persistant ; et si, tout à l'heure, on n'a pu vous dire ce qu'a fait le Bienheureux pendant sa vie, maintenant on vous énumérera sans hésitation les faveurs de tous genres que Dieu se plaît à accorder par son intermédiaire.

Ayant eu bien souvent l'occasion de constater, avec beaucoup d'édification, cette grande popularité de notre Bienheureux (1), nous nous sommes persuadé que c'est le devoir de chacun de contribuer à propager, à fortifier cette dévotion toute locale. Et, pour la propager et la fortifier, que peut-on faire de mieux que de l'éclairer en rappelant à la bonne population qui honore Jean Discalcéat, ce qu'a été ce Patron de notre ville, comment il a vécu, en le représentant en un mot tel que l'ont connu nos ancêtres ?

Pour aider, autant qu'il est en nous, à faire cette lumière si désirable, nous avons recueilli et mis en ordre, en toute simplicité, ce que nous ont transmis les biographes du bienheureux Jean Discalcéat, les chroniqueurs qui ont vécu de son temps ou dans les siècles voisins du sien, alors que, les souvenirs des po-

---

1. — Cette popularité va croître et s'affirmer de nouveau, sans aucun doute, à la suite de l'heureuse inspiration qui a fait, tout récemment, introniser aussi, dans l'église de Saint-Mathieu, la douce image du bon moine si aimé de nos pères.

pulations étant encore tout frais, il était facile de faire connaître, dans toute sa vérité, la figure de ce héros chrétien.

Des diverses notes ainsi puisées à plusieurs sources, nous avons tiré l'étude sommaire, mais à peu près complète, qui va suivre. Notre travail, bien que fort abrégé, nous semble suffisant pour atteindre le but modeste que nous nous sommes proposé : remettre en lumière une des plus pures gloires de notre cité quimpéroise.

Le Bienheureux Jean (1) a été surnommé
Discalcéat, d'un mot latin qui signifie *Des-*
chaux, parce qu'il allait toujours pieds nus.

Il naquit de parents de médiocre fortune,
mais gens de bien et craignant Dieu, qui
avaient leur résidence en Basse-Bretagne,
dans l'Évêché de Léon.

On raconte que, quelques mois avant sa nais-
sance, sa mère fut tourmentée du violent désir
de manger d'une certaine espèce d'oiseau qui
ne se trouve point en ces pays bretons. Mal-
gré la bonne volonté de son mari, qui, pour
lui être agréable, mit inutilement en quête, de
tous côtés, parents et amis, la violence de son
désir et la contrariété de ne le pouvoir satisfaire la rendirent malade, au point d'inquiéter
ses proches, lorsque Dieu, qui avait ses vues,
lui vint en aide. Un jour qu'elle était dans sa
chambre, avec quelques dames ses voisines,
un oiseau tel qu'elle désirait entra dans la pièce

---

1. — Les Bretons l'appellent « Sant Iann an
Divoutou. »

et se laissa prendre sans la moindre difficulté : l'oiseau providentiel, aussitôt apprêté, lui fut servi, et selon l'expression d'un vieux chroniqueur, « elle en satisfit son appétit. »

L'enfant béni de Dieu vint au monde en l'année 1280 : l'Église avait alors pour Souverain Pontife Nicolas III, et la Bretagne pour duc Jean Ier. Le nouveau-né reçut au baptême le nom de Jean ; mais, par humilité, il voulut, pendant toute sa vie, être nommé *Iannic*, diminutif breton de Jean, comme nous dirions *petit Jean*.

⁜

Lorsqu'il eut passé les années de l'enfance, il s'associa à un sien cousin qui était un fort bon maçon, et se mit à travailler de ses mains, pour éviter l'oisiveté et gagner son pain à la sueur de son front, suivant l'irrévocable sentence prononcée par le Divin Maître contre le genre humain, dès les premiers jours du monde. Il se plaisait extrèmement à faire des croix, à les élever dans les carrefours et sur tous les chemins, et à bâtir des ponts sur les ruisseaux et les torrents, pour la plus grande commodité du prochain, préludant ainsi à cette ardente et inépuisable charité qui bientôt enflamma son cœur et le fit se dépenser sans réserve, pendant toute sa vie, au service de toutes les misères, de toutes les infortunes.

Il travailla si bien et se conduisit de telle sorte dans son association avec son cousin qu'il gagna de grandes sommes et, un jour, se trouva riche. Mais Dieu, qui le voulait attacher uniquement à son service et faire de lui un instrument de salut pour un grand nombre de pécheurs, lui inspira la résolution d'abandonner le siècle pour embrasser la cléricature et se consacrer au service de l'Église. Alors l'éternel ennemi de toutes les grandes œuvres de foi et de charité voulut mettre obstacle à sa conversion et suscita contre lui son parent, qui, se moquant de son dessein, s'efforça, par tous les moyens en son pouvoir, d'en empêcher l'accomplissement. Dieu punit ce malheureux, qui perdit tous ses biens, devint lépreux et, pour comble de malheur et dernier châtiment, mourut excommunié et, comme tel, fut privé des honneurs de la sépulture chrétienne.

Jean donc, ayant méprisé les moqueries et les menaces de son cousin, quitta son pays et se rendit à Rennes où il fit ses études et reçut les ordres sacrés jusqu'à la prêtrise inclusivement, vivant dans une entière simplicité, une grande austérité et une parfaite sainteté. Il avait dès lors pour habitude de jeûner, trois jours par semaine, au pain et à l'eau ; il était simplement et modestement vêtu ; visitait assidûment et assistait les malades, et faisait beaucoup d'autres œuvres pies.

L'évêque de Rennes était alors Yves LII. Le prélat, ayant découvert ce trésor caché sous le voile de la plus grande humilité, ne put souffrir que la lumière demeurât plus longtemps sous le boisseau ; il la voulut élever comme un phare afin qu'elle éclairât toute l'Église. Il fit donc venir en son palais le serviteur de Dieu et le nomma recteur d'une paroisse de son diocèse, celle de Saint-Grégoire, que le doux et modeste prêtre fit difficulté d'accepter. Mais l'évêque lui en ayant donné l'ordre formel, Jean céda par obéissance et prit possession de sa paroisse l'an 1303, le jour même de la mort de notre glorieux saint Yves, ancien official de Rennes. Le nouveau recteur avait alors *vingt-trois ans.*

En peu de temps il obtint de remarquables résultats d'amélioration morale parmi ses ouailles, tant par ses bons exemples que par ses prédications et les soins paternels qu'il ne cessait de prodiguer à ce peuple confié à sa sollicitude. Il régit cette paroisse pendant treize ans sous trois évêques de Rennes, NN. SS. Yves, ci-dessus nommé, Gilles, et enfin Alain de Châteaugiron, Ier de ce nom.

Enflammé de zèle pour le service de Dieu, et infatigable en tout ce qui touchait à ses fonctions sacerdotales, notre bienheureux Jean avait pour habitude d'assister ses évêques dans leurs visites pastorales, les précédant pour disposer les peuples, par ses prédications et l'administration du sacrement de Pénitence, à recevoir celui de la Confirmation. Dans ces courses évangéliques il ne voulut jamais aller à cheval, suivant l'usage du temps, ni en voiture, mais toujours à pied, et toujours pieds nus, distribuant aux pauvres le revenu que lui donnait sa paroisse.

Ce fut ainsi que, se montrant toujours dévoré du feu de la plus ardente charité, et se faisant tout à tous, il gouverna son peuple jusqu'à l'année 1316. Dieu lui inspira alors la résolution de se consacrer à la vie monastique et d'embrasser la règle de Saint-François. Il en demanda l'autorisation à son évêque, qui ne pouvait se décider à se séparer de lui. Après une longue résistance, le Prélat céda enfin.

et l'ayant tendrement embrassé, lui donna congé et bénédiction, dit le vieux chroniqueur, en versant d'amères larmes sur la perte qu'il faisait d'un tel prêtre.

Le bienheureux Jean se retira donc au couvant de Saint-François en la ville de Quimper-Corentin, où il reçut l'habit et, en même temps, comme un autre Elisée, l'esprit du Père Séraphique. Il chérissait tout particulièrement la sainte pauvreté et, à l'imitation de son père saint François, il portait des habits faits d'une grossière et fort commune étoffe grise (1). Jamais il n'eut plus d'un vêtement, qu'il faisait durer indéfiniment, le rapiéçant lui-même avec des morceaux de vieux sacs ; et comme un jour quelqu'un lui demandait pourquoi il portait un habit plus usé et plus rapetassé que ceux des autres moines, il répondit aussitôt avec sa grande modestie : « Parce que je suis « ici le plus imparfait de tous. »

Chérissant la pauvreté volontaire, il chérissait tout naturellement les pauvres, dont il

1. — Les Cordeliers étaient alors vêtus de gros drap gris, comme ils le sont encore en Espagne. En France, dans les derniers temps, ils avaient adopté la couleur noire.

était le père et même le père nourricier. Quand il allait à l'église ou quelque part en ville, ils s'amassaient autour de lui pour recevoir l'aumône ou, du moins, quelques consolations spirituelles. Lors qu'il n'avait plus rien à leur donner, il leur abandonnait son propre manteau, même parfois son capuce. Nous lisons « à ce sujet dans le Père Lobineau : « Il leur « avait quelques fois donné son propre capu-« chon et n'avait pas craint, pour cela, que son « père saint François eût méconnu, par le dé-« faut de quelque pièce de la livrée de péni-« tence, un des siens revêtu intérieurement de « l'homme nouveau. »

Il y eut une cruelle famine par tout le comté de Cornouaille, l'année 1346 : c'était durant le fort de la guerre entre les comtes de Montfort et de Blois : le pays se trouvait alors ravagé par les deux partis. Pendant cette calamiteuse année, le saint homme allait de maison en maison, de château en château, exhortant les riches à gagner le ciel par leurs aumônes, dont l'occasion se présentait si belle.

Il n'était jamais oisif un seul instant, mais toujours occupé, ou au travail, ou à quelque saint exercice. Il se levait la nuit avant les autres religieux; il allait à l'église longtemps avant l'appel de Matines et y restait le plus souvent en oraison jusqu'au point du jour. Sa messe dite, il se mettait au confessionnal, ou allait par la ville visiter les malades : après-midi il rentrait en oraison, et, après Complies, passait encore une bonne partie de la nuit à l'église. Il serait long de citer ici, avec la chronique de son temps, les divers offices qu'il récitait, même deux fois par jour, et ses prières et exercices si variés, et toujours suivis avec une telle attention et une telle révérence qu'il n'eût pu être ni plus recueilli, ni même plus ravi d'esprit, s'il eût visiblement parlé à Dieu et aux saints.

On raconte plusieurs miracles évidents obtenus par les prières du bienheureux Jean : nous ne citerons que le suivant, pour ne pas trop allonger notre récit.

Une dame de l'évêché de Rennes, qui s'était souvent adressée à lui en confession, étant tombée malade, fut bientôt en un état tellement désespéré que les médecins l'abandonnaient. Elle voulut voir le bienheureux. Il se rendit chez elle, et ayant dit trois fois l'évangile *In principio* sur la malade, celle-ci, au grand étonnement de sa famille et des personnes

présentes, se leva soudain, parfaitement gué-
rie, et, après avoir remercié le saint, lui prépara
aussitôt et lui servit elle-même un dîner auquel prirent part, pleins de joie, les témoins de
cette miraculeuse guérison.

✠

Le démon, furieux de se voir si glorieusement
vaincu par le Père Jean, lui livra de furieux
assauts contre lesquels le saint s'armait,
avec une admirable vigueur et une invincible
persévérance, de ces armes que seuls savent
manier les grands savants de la croix ; ces
armes, avons-nous besoin de le dire ? ce sont
les macérations de toutes sortes, à l'aide des-
quelles il gourmandait sa chair, l'ennemi domestique, l'assujettissant à l'esprit par des
austérités étranges. Ainsi passa-t-il seize années entières sans boire de vin hormis celui
de la messe, sans manger de viande si ce n'est
en état de maladie et par ordonnance des
médecins, suivant le commandement formel
de ses supérieurs : jamais il n'eût usé ni de l'un
ni de l'autre s'il n'eût craint de donner mauvais exemple ou d'attirer l'attention comme
un être singulier, bizarre ou superstitieux. Il
mangeait fort rarement du poisson, se conten-
tant de gros pain d'orge, d'avoine ou de fèves,
qu'il laissait, à dessein, moisir et se cor-

rompre afin de rendre cette pauvre alimentation d'autant plus insipide et désagréable. Il versait dans l'eau qu'il buvait quelque liquide aigre et amer pour se ressouvenir du fiel et du vinaigre que son Sauveur avait bus pour lui sur la Croix. Il ne mangeait qu'une fois le jour, s'il n'était malade au lit. Et encore, ajoutent ses biographes, comme si de telles abstinences et de tels jeûnes eussent été insuffisants à satisfaire son amour de la mortification, il avait, en dehors du carême canonique, partagé l'année en *huit carêmes* particuliers auxquels il se soumettait, de règle absolue, avec grande assiduité et sévérité. Par ce qui est connu, ainsi qu'il est expliqué ci-dessus, de la vie habituelle du saint, on devine quels devaient être ces huit carêmes particuliers !.... Les mêmes biographes, en nous indiquant les époques et la durée de ces pénitences de surérogation, nous apprennent qu'alors Père Jean se contentait rigoureusement d'un peu de son mauvais pain et d'eau, et que, si parfois il se permettait un médiocre potage, c'était seulement lorsque chez lui la nature, à bout de force, tombait en défaillance complète.

Se réjouissant d'endurer quelque douleur pour l'amour de Dieu, il était bien aise quand, en allant par la ville ou les villages pour visiter les pauvres ou faire des quêtes, il se blessait les pieds. Un jour, dans une de ses courses, il lui entra dans le pied un clou qu'il ne voulut consentir à se laisser tirer que sur l'ordre formel de son Gardien (1), lorsque le pied, fort enflé, fut menacé d'un abcès inquiétant : en cédant à l'ordre de son supérieur, il montra, dans l'opération qui fut alors nécessaire, un calme parfait et le plus grand mépris de la douleur.

On nous permettra peut-être de mentionner ici un détail qu'il est difficile de proposer en imitation à notre délicatesse, mais qui montre bien jusqu'où allait chez le bienheureux Jean Discalcéat l'amour des gênes, des malaises, des incommodités de toutes sortes. D'autres saints personnages, d'ailleurs, et le bienheureux Benoît Labre notamment, au siècle dernier, ont souvent expié par des mortifications du même genre les raffinements de sensualité dans lesquels se complaisent tant de chrétiens amollis. Voici donc ce que nous dit du bienheureux Jean un ancien chroniqueur : « Il ne « voulait purger et nettoyer ses habits de la

_____

1. — C'est le titre du Supérieur du couvent, chez les religieux de l'ordre de Saint-François.

« vermine qui s'y engendrait ; voire, si quelque
« bestion domestique, gris ou noir, se prome-
« nait sur son habit, il le remettait dans sa man-
« che ou en son capuchon. » Et à ce sujet nous
lisons encore dans le Père Lobineau : « Nous
« avons vu de grands saints qui ont conçu
« plus de mérite dans cette pénitence que dans
« celles où l'amour-propre peut se flatter de
« l'invention. Le B. Jean, à leur exemple, res-
« pectait le doigt de Dieu dans ces petits bour-
« reaux domestiques, et bien loin de les dé-
« truire, il s'en regardait comme le berger et
« remettait dans le bercail ceux qui étaient en
« danger de s'égarer et de se perdre. »

Il avait trois sortes de cilices dont il se ser-
vait : l'un était tissu de grosses étoupes, rudes
et piquantes ; l'autre de crin de cheval, et le
troisième était composé de la peau d'un porc,
dont il avait tondu les soies à demi-longueur,
afin que ces pointes le piquâssent vivement et
pénétrâssent jusque dans sa chair. Ce dernier
cilice était de son invention propre.

Dieu lui avait accordé le don des larmes.
Il en répandait abondamment lorsqu'il priait
et quand il entendait les confessions, excitant
par son exemple ses pénitents à la contrition.

Peu avant la guerre civile qui s'éleva en Bretagne entre le comte de Montfort et Charles de Blois, et à laquelle se mêlèrent les rois de France et d'Angleterre, les moines étant un jour au réfectoire se mirent à parler des affaires du temps. Chacun défendait le parti vers lequel il inclinait, lorsque le Père Jean se prit à pleurer si fort qu'il ne pût manger, et il ne cessa de pleurer tout le jour, prévoyant (comme on l'a bien reconnu plus tard) les malheurs que causerait cette guerre. Dieu lui révéla alors que la ville de Quimper devait être prise et pillée, et qu'à la suite de ce désastre il y aurait une grande famine. Il en avertit aussitôt les Quimpérois, les invitant à se convertir à Dieu et à faire pénitence. Mais ils ne tinrent aucun compte de ses salutaires avis, confiants qu'ils étaient en leurs propres forces.

La chose arriva comme le bon Père la leur avait prédite ; car, après Pâques, vers le commencement de l'an 1344, le roi d'Angleterre ayant porté un défi au roi de France, pour se venger d'une violation de trève, vraie ou fausse, la guerre se ralluma en Bretagne ; et pour premier exploit, Charles de Blois, prenant le titre de duc de Bretagne, mena toute son armée devant Quimper. Il assiégea cette ville, la bloqua étroitement et en battit les murailles si furieusement d'engins et de machines de guerre qu'il ne tarda pas à faire brèche sur six points différents de l'enceinte. Enfin la ville fut prise d'assaut, après un combat de six heures, et les troupes assiégeantes, furieuses de l'opiniâtre résistance des habitants, en firent un affreux carnage.

Les historiens racontent que plus de quatorze cents personnes, hommes, femmes et enfants, tuées dans cette occasion, furent enterrées pêle-mêle dans de larges et profondes fosses, creusées près d'une des tours de la place (1), qu'on appelait la *tour du Chastel*. Chaque année dans la suite, le clergé de Quimper se rendait en procession, le jour des Morts, sur le lieu de la sépulture de ces malheureux, et y récitait des prières pour le repos de leurs âmes. Cette procession, dite *Procession des Trépassés*, se faisait encore en 1789.

L'année 1349, la ville de Quimper et tout le pays circonvoisin furent affligés d'une terrible épidémie. La contagion fut telle qu'on ne voyait partout qu'enterrer des corps.

---

1. — La place principale de la ville, la place Saint-Corentin.

Dieu avait révélé cette calamité publique à son serviteur bien avant qu'elle arrivât.

Nous lisons, dans les écrits du temps, que le jour des octaves de Saint-François de l'année précédente, étant à Vêpres, dans le chœur, avec ses Frères, le bienheureux Jean se mit tout-à-coup à pleurer amèrement ; et comme on lui demandait quelle pouvait être la cause de ces larmes, si subites et si abondantes, il répondit, devant toute la communauté, que très-prochainement la ville allait être frappée d'un grand fléau; et, l'été suivant, la peste, puisqu'il faut l'appeler par son nom, enleva une grande partie des habitants.

Dès que se déclara l'épouvantable épidémie, Père Jean ne prit plus de repos. Il allait incessamment, jour et nuit, par la ville, de porte en porte, assistant, avec le plus grand dévouement les malades, leur portant la sainte Communion, leur administrant les autres sacrements. Ce fut pendant qu'il se donnait ainsi tout entier, sublime de charité, à l'exercice de son saint ministère, que Dieu décida que son serviteur, épuisé de travaux, de grandes œuvres, avait assez fait pour entrer au repos éternel. Le bienheureux Jean fut lui-même frappé du mal qui faisait tant de victimes. Le 16 décembre 1349, il mourut entouré de ses Frères, dont il fut jusqu'au dernier moment l'édification, et pleuré par toute la population, qui l'aimait comme un père et le vénérait comme un saint.

Le bienheureux Jean Discalcéat avait vécu soixante-neuf ans ; il en avait passé quarante-six dans les ordres sacrés, dont treize années comme recteur de paroisse. Son corps fut inhumé dans le couvent de son ordre, en la ville de Quimper, dans une chapelle qui se trouvait près de la porte du chœur, sous le jubé, du côté de l'évangile. Plus tard il fut retiré de la vieille châsse dans laquelle il reposait et mis en une autre, beaucoup plus convenable, qui a été longtemps conservée religieusement sous un petit dôme en forme de chapelle et composé de treillis et de grilles en fer. De là ses précieux restes furent de nouveau transférés dans une chapelle de la même église, qui formait l'aile droite du chœur ; ils furent placés sur l'autel, en une sorte de petit tabernacle couvert d'un voile de riche étoffe. Devant se voyait le portrait du Bienheureux, très bien peint par un artiste dont le nom nous est demeuré inconnu. Cette peinture avait été donnée par dame Blanche de Lohéac, épouse de messire Guy Autret, seigneur de Missirien.

Il faut regretter vivement que l'église de
Saint-François en notre ville de Quimper n'ait
pas été conservée. Ce qui en restait encore de
nos jours faisait voir, en effet, qu'elle datait du
beau temps de l'architecture ogivale ; en outre,
elle renfermait un grand nombre de tombeaux
de personnages historiques du pays, ornés de
leurs effigies, les unes sculptées en relief, les
autres gravées en creux : tout cela, malheu-
reusement, a été détruit par le vandalisme de
cette lugubre date : 1793.

Mais la perte la plus déplorable est assuré-
ment celle du corps du saint religieux ; nul
ne pourrait dire aujourd'hui ce que sont de-
venues, pendant la tourmente révolutionnaire,
les dépouilles du serviteur du Christ.

Le bienheureux Jean, disent les chroniqueurs, est en grande vénération dans la ville
de Quimper, où il est notoire que nombre de
personnes atteintes de grandes infirmités ont
été délivrées par son intercession.

Mais c'est principalement pour retrouver
les objets perdus que le peuple de Quimper et
des campagnes voisines vient tous les jours
et à toute heure invoquer le Bienheureux.
Quelle est l'origine de cette dévotion spéciale ?
Nous ne saurions le dire, n'ayant rien trouvé

là-dessus dans les anciens écrits ; ce qui est certain, attesté par des milliers de témoignages, c'est que cette dévotion n'est ni vaine ni stérile : comme saint Antoine de Padoue, le bienheureux Jean Discalcéat se plaît à répondre à la confiance des âmes naïves et simples qui s'adressent à lui en leurs embarras petits ou grands.

✠

Dans un vieil ouvrage qui raconte la vie de notre Bienheureux nous avons relevé cette phrase qui contient tous les éloges qu'il est possible de faire du saint religieux : « On ne « l'a jamais vu transgresser d'un seul *iota* la « pureté, l'intégrité de sa Règle. »

Cela rappelle un mot d'un grand Pape. « Qu'on me nomme, disait Grégoire IX, un « Frère Mineur qui n'a transgressé en rien sa « Règle, et je ne veux pas d'autre miracle « pour le canoniser. »

Bienheureux Jean Discalcéat, priez pour nous ! Conservez ou plutôt rendez à notre Bretagne, par votre puissante intercession, ce trésor de foi généreuse et de mœurs pures qui fut longtemps son héritage et que l'ennemi des âmes voudrait aujourd'hui lui ravir !....

L. A.

QUIMPER

IMPRIMERIE EUGÈNE PÉNEL

RUE DU SALLÉ, 25

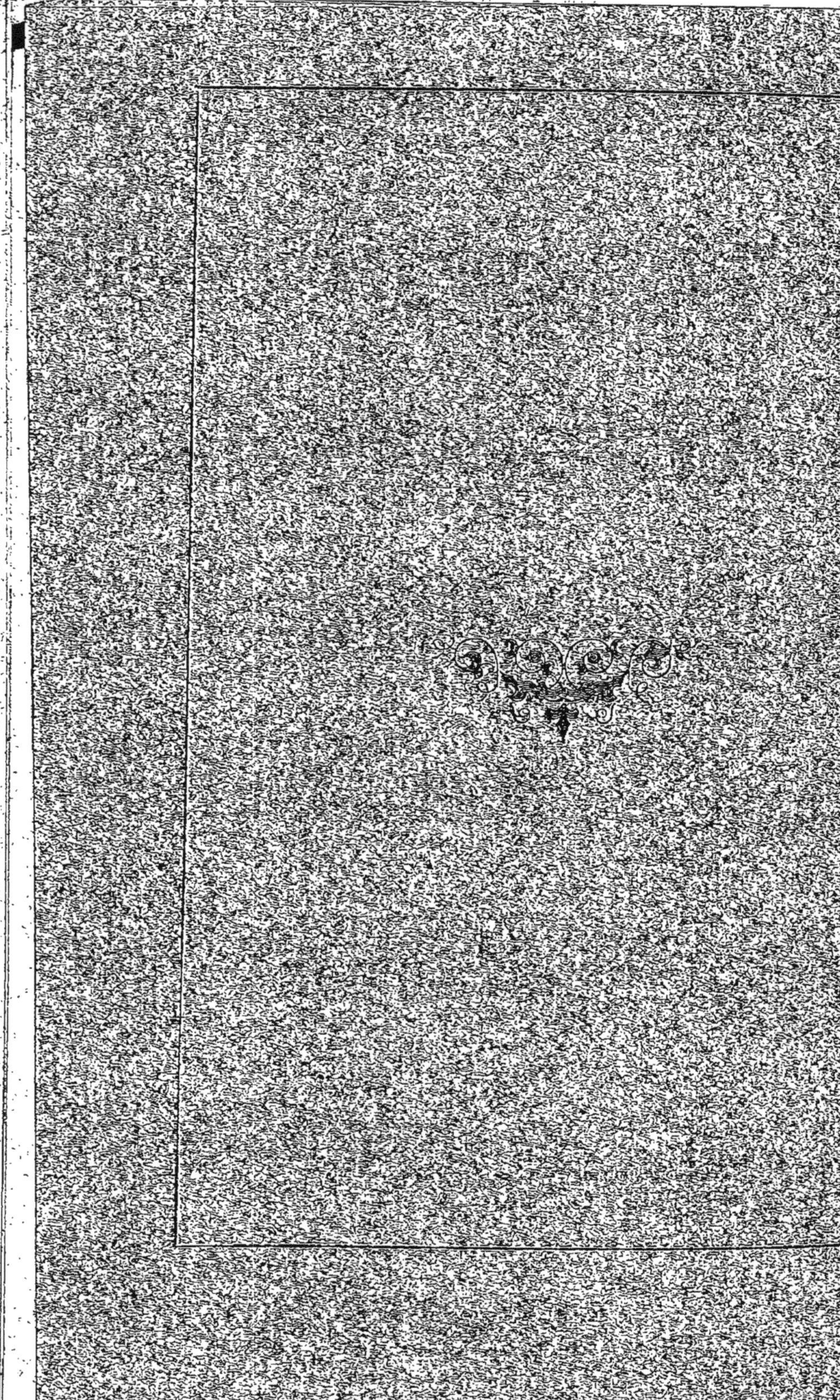